TARIF DES DROITS

Que le Roy en son Conseil veut & ordonne estre levez
& perçûs par les Greffiers en Chef, Commis, Clercs,
& Controlleurs desdits Greffiers dans les Sieges Generaux & Tables de Marbre de Paris & Roüen, & par
les Greffiers, Commis, Clercs, & Controlleur des
Sieges particuliers des Amirautez du Royaume,
suivant & en execution de l'Edit de création desdits
Greffes du mois de May 1711.

Amirauté Generale de la Table de Marbre à Paris.

PREMIEREMENT.

OUR un acte d'affirmation de voyage, une
livre deux sols.

II.

Pour chaque presentation des défendeurs
intimez & anticipez, hors dans le cas où les
assignations seront données à jour certain, &
que les défauts seront jugez à l'audience, il
sera payé huit sols.

III.

Pour chacun défaut & congez baillez à juger, cinq sols, &
autant pour le rendre jugé.

A

IV.

Pour rendre chaque défaut ou congez non jugez, deux sols six deniers.

V.

Lorsque les causes seront plaidées pendant plusieurs audiences, il sera payé au Greffier pour la première audience trois livres, & pour les suivantes, trente sols.

VI.

Toutes sentences renduës, tant à l'audience sur procez par écrit, rapport, soit civil, soit criminel sur requeste, congez d'adjuger, adjudications d'heritages, vaisseaux, licitations & autres, soit interlocutoires, provisoires ou diffinitifs, seront mis en parchemin ; & il sera payé pour droit de façon, expedition, controlle & signature, trente huit sols quatre deniers, du rolle, contenant deux pages, & la page vingt-deux lignes, & la ligne quinze syllabes, non compris le parchemin timbré.

VII.

Les sentences qui ne vont qu'à l'instruction & ne consistent à execution ne seront point signées, si bon ne semble aux parties, & dans ce cas il ne sera payé que vingt sols du rolle de la mesme qualité, qu'en l'article precedent, pour la façon, expedition & controlle seulement, non compris le parchemin timbré.

VIII.

Pour les appointemens de conclusions, actes de soûmission de caution, reprise d'instance & executoires de dépens, d'apport de procez criminels, inscription de faux, decrets & autres pareils actes qui s'expedient en parchemin, sera payé quarente sols, non compris le parchemin timbré.

IX.

Pour tous les actes de Chancellerie qui s'expedient sous le sceau de l'Amiral, sera payé pour la minute & collation de la grosse, quinze sols de chaque impetrant, jusqu'au nombre de quatre seulement, passé lequel nombre il n'y aura point d'augmentation.

X.

Pour toutes les grosses & expeditions qui seront faites en papier, soit pour le civil, soit pour le criminel, il sera payé pour chaque rolle en petit papier, le rolle contenant deux pages, la page douze lignes, & les lignes douze syllables, cinq sols, non compris le papier timbré.

XI.

Pour chaque procez qui seront redistribué & pour nommer le Rapporteur, sera payé trente sols.

XII.

Pour chercher les procez par écrit & sentence estant au Greffe, & les bailler au Rapporteur, sept sols six deniers.

XIII.

Pour les autres sacs qui seront apportez & mis au Greffe par tradition, pour estre joints ausdits procez par écrit, moyens de faux & pieces maintenuës fausses, ou pieces apportées par ordonnance des Juges, cinq sols.

XIV.

Pour verifier sur le papier de distribution en procez conclu, & dire le nom du Rapporteur, deux sols six deniers.

XV.

Pour retirer les sentences des procez conclus & non baillez, cinq sols.

XVI.

Pour recevoir & bailler les griefs, deux sols six deniers, & autant pour les réponses ausdits griefs.

XVII.

Pour recevoir & bailler les productions sur instances appointées en droit au Conseil, ou à produire appellations, ou demandes principales disjointes, procez criminels ou autres, huit sols.

XVIII.

Pour les requestes d'employs pour productions, deux sols six deniers.

XIX.

Pour les productions nouvelles qui passeront au Greffe, cinq sols.

XX.

Pour bailler les informations aux Gens du Roy, dix sols.

XXI.

Pour bailler une instance, ou procez redistribué à un autre Rapporteur, cinq sols.

XXII.

Pour chacun procez par écrit ou inſtances qui ſeront renduës aux Procureurs, aprés qu'il aura eſté jugé, compris toutes
les productions, griefs, réponſes, dix ſols.

XXIII.

Et à l'égard des ſacs qui n'auront paſſez au Greffe, le Greffier prendra le droit, qu'il euſſe pris, ſi les ſacs avoient eſté
produits, qui entrera en taxe, & outre les Procureurs en payeront autant en leur propre nom audit Greffier, ſans le pouvoir
repeter ſur les parties.

XXIV.

Pour la communication des pieces maintenuës fauſſes, ſans
deplacer, vingt ſols.

XXV.

Pour bailler au Rapporteur les moyens de faux avec la piece
maintenuë fauſſe, dix ſols.

XXVI.

Pour les Lettres de comparution perſonnelle ſur decret,
vingt-deux ſols.

XXVII.

Pour le port d'une information au Parlement, vingt-cinq ſols.

XXVIII.

Pour le produit d'un ſac au Greffe ſur matiere criminelle,
dix ſols.

XXIX.

Pour l'interrogatoire ſur la ſellette, trois livres quatre ſols.

XXX.

Pour la décharge d'un priſonnier, trois livres quatre ſols,

XXXI.

Pour rayer un écroüe, compris le procez verbal, trois
livres quatre ſols.

XXXII.

Pour prononcer la ſentence à un priſonnier, trois livres
quatre ſols.

XXXIII.

Pour la publication des Lettres de remiſſion trois livres
quatre ſols.

XXXIV.

Pour les paraphes ordonnées de pieces contenuës aux productions

ductions faites dans un procez, pour toutes les productions
d'un procez , quelque nombre qu'il y en ait , trente sols.

XXXV.

Pour l'enregistrement d'une saisie-réelle de quelques effets
que ce soient, trois livres.

XXXVI.

Pour la publication & expedition de chaque remise & adjudication , sauf quinzaine , trente sols.

XXXVII.

Pour le droit des adjudications pures & simples à quelques
sommes qu'elles puissent monter , six livres.

XXXVIII.

Pour les commissions, pour publier l'enchere sur les lieux,
quinze sols.

XXXIX.

Pour l'enregistrement & expedition des actes d'opposition,
quinze sols.

XL.

Pour les declarations qui seront faites par les Procureurs,
au profit de qui sont les adjudications, trente sols , & pour
celles des baux judiciaires, vingt sols.

XLI.

Lorsque les Juges iront en commission hors du lieu de leur
residence pour les fonctions de leurs Charges , le Greffier aura
la moitié des vacations du Lieutenant general ou criminel ,
outre sa grosse.

XLII.

Les minutes des procez verbaux, inventaires , enquestes,
plaintes, informations , interrogatoires , récollemens, confrontations , & autres semblables actes, seront écrits par le
Greffier ou par son Commis qui aura serment à Justice , tant
en matiere civile que criminelle , & prendra la moitié des vacations du Lieutenant general ou criminel pour ses vacations,
outre ses grosses.

XLIII.

Pour la recherche d'une minute de sentence passée un an,
cinq sols, en donnant la date, & pour chercher celles qui auront esté renduës dans l'an , ne luy sera payé aucune chose.

XLIV.

Lorsque les Marchands-negocians ou leurs Commission-naires jugeront à propos de faire des declarations en l'Amirauté de Paris, au sujet des Vaisseaux ou des Cargaisons qu'ils feront expedier, ils ne payeront plus grand droit, que ceux attribuez aux Greffiers des Amirautez, dans les Ports particuliers, suivant qu'ils seront cy-après expliquez.

XLV.

Lorsque par des raisons particulieres lesdits Marchands-negocians jugeront à propos de faire enregistrer au Greffe de l'Amirauté generale, leurs contracts de proprieté & autres Lettres, commissions d'armer en Guerre, marchandises ou passeports, ils ne payeront pareillement que les mesmes droits qui seront payez au Greffier des Amirautez, dans lesdits Ports particuliers.

XLVI.

Le Greffier aura la moitié de la part que le premier Juge a dans les droits d'information & de reception des Officiers d'Amirauté & autres, qui seront reçûs audit Siege general, outre le remboursement du papier & parchemin timbré.

XLVII.

Pour les cas non prévûs dans ce present Tarif, les Greffiers se conformeront à ce qui se pratiquoit par les Greffiers du Parlement, en execution du Reglement de 1664.

Amirauté generale de la Table de Marbre à Roüen.

PREMIEREMENT.

Pour les declarations qui se font au Greffe par ceux qui acheptent des Vaisseaux & Bastimens en France, ceux qui en acheptent, ou font construire dans les Pays estrangers, & par ceux qui les ayant acheptez, ou fait construire dans les Pays estrangers, les ont depuis revendus à des Estrangers, il sera payé au Greffe quinze sols, compris l'expedition.

II.

Pour l'enregistrement d'un contract d'achat, de constructions, revente, d'association & autres actes de proprieté de Bastimens, deſtinez, ſoit pour le commerce, ſoit pour la courſe, il ſera payé au Greffe trente ſols, à la charge de mettre l'enregiſtrement au dos, ſans pouvoir prendre plus grands droits, ſinon l'expedition lorſqu'il en ſera requis, laquelle ſera payée à raiſon de cinq ſols du rolle.

III.

Pour l'enregiſtrement des certificats de Jauge des baſtimens, il ſera payé au Greffe, y compris l'expédition, dix ſols.

IV.

Pour le certificat ou lettres de Mer, concernant la proprieté d'un Baſtiment (qu'il ſera libre de prendre, ou de ne point prendre) lorſque les Maitres ſeront porteurs des contracts d'achapt ou de conſtruction, regiſtrez, il ſera payé au Greffe les meſmes droits que pour l'enregiſtrement des contracts d'achat.

V.

Pour l'enregiſtrement d'un congé, d'un Baſtiment qui fait voyage de long cours, il ſera payé trois livres, compris l'enregiſtrement qui ſera mis au dos, & la viſite dudit Baſtiment.

VI.

Pour l'enregiſtrement des congez des Baſtimens François, allant de Province en Province dans le Royaume & hors le Royaume, ſeize ſols, & pour ceux des Eſtrangers, trente ſols.

VII.

Pour ceux des Baſtimens venans des Ports de la Province, ſept ſols ſix deniers, auſſi compris la viſite, à l'exception neanmoins des Baſtimens qui viennent des Ports du Havre, Touques, Dyves, Honfleur, & autres Ports voiſins, qui ne payeront que quatre ſols trois deniers.

VIII.

Pour ceux qui ſe délivrent pour les Baſtimens qui vont aux moulles en baſſe Normandie, cinq ſols dix deniers.

IX.

Pour ceux des gribannes & batteaux qui vont querir du bois & autres proviſions dans la Riviere, & qui durent trois mois, cinq ſols.

X.

Pour l'enregiſtrement des congez qui ſeront délivrez pour des Vaiſſeaux qui ſont dans les Pays eſtrangers, pour faire venir en France, il ſera payé au Greffe les meſmes droits que pour les autres congez , à proportion de la qualité des voyages.

XI.

Les Maiſtres des Baſtimens frettez pour le ſervice du Roy, dont Sa Majeſté ne nourrit point les équipages, de ceux des Vaiſſeaux de Sa Majeſté frettez à des particuliers, de ceux des Fermiers generaux pour le tranſport des ſels , payeront les meſmes droits d'enregiſtrement de congez , & de rapports que les autres Baſtimens , à proportion des voyages.

XII.

Pour l'enregiſtrement des paſſeports de Sa Majeſté , il ſera payé au Greffe trente ſols, compris l'enregiſtrement qui ſera mis au dos.

XIII.

Pour les actes de receptions de cautions & ſoûmiſſions qui ſe font au Greffe , en execution des Ordonnances de Sa Majeſté & de ſes paſſeports , il ſera payé ſix ſols ſix deniers , compris l'expedition.

XIV.

Pour les certificats de deſcentes des marchandiſes eſtrangeres ou défenduës , il ſera payé huit ſols, compris l'expedition.

XV.

Pour les ſoûmiſſions qui ſe font, à cauſe du tranſport des grains, d'un Port à un autre, il ſera payé au Greffe trois ſols , dans les cinq ſols accordez par le Reglement du 13. Novembre 1694. y compris le papier timbré , & pareille ſomme pour le certificat de décharge.

XVI.

Pour l'enregiſtrement des rolles des Equipages, des Baſtimens , engagez & paſſagers , il ſera payé au Greffe cinq ſols.

XVII.

Pour les rapports & declarations qui ſe font à l'arrivée des Vaiſſeaux & Baſtimens , & pour la viſite d'iceux , il ſera payé les meſmes droits que pour l'enregiſtrement des congez , à la reſerve des Peſcheurs de poiſſon frais, deſquels le Greffier & les Officiers recevront les rapports & declarations de ce qu'ils auront vû en Mers ſans frais, conformement au Reglement du 28. Mars 1673.

XVIII.

Lorſque la verification deſdits rapports ſera requiſe , il ſera
payé

payé au Greffier, moitié du Juge pour l'audition de chaque témoin, non compris l'expedition.

XIX.

Pour tous les actes de Chancellerie, qui s'expedient sous le sceau de l'Amiral, il sera payé pour la minute, collation de la grosse, quinze sols de chaque impetrant, jusqu'au nombre de quatre seulement passé, lequel nombre il n'y aura point d'augmentation.

XX.

Pour chaque affirmation de voyage, vingt sols.

XXI.

Pour chaque presentation des parties assignées, cinq sols.

XXII.

Pour toutes sentences renduës, tant à l'audience sur procez par écrit, rapport, soit civil soit criminel sur requeste, congez d'adjuger, adjudications d'heritages, Vaisseaux, licitations, decrets, executoires de depens, d'apport de procez, soumissions de cautions qui se délivrent en parchemin, sera payé pour droit de façon, expedition, controlle, & signature, trente-huit sols quatre deniers du rolle, contenant deux pages, la page vingt-deux lignes, & la ligne quinze syllabes, non compris le parchemin timbré.

XXIII.

Les sentences d'appointé, ou qui ne vont qu'à l'instruction, & ne consistent à execution, seront mises en papier, & sera payé vingt sols du rolle, contenant deux pages, la page vingt-deux lignes, & la ligne quinze syllabes, pour la façon, expedition & controlle seulement, non compris le papier timbré.

XXIV.

En toutes commissions & actes de Justice qui s'executeront par les Juges, Commissaires-Examinateurs, tant dans la Ville que hors d'icelle, soit pour descentes, naufrages, redditions de comptes, distributions de deniers, compulsoires, scellez, procez verbaux, confrontations d'écritures, inventaires, estimations, rapports d'Experts, informations, interrogatoires, recollemens, confrontations, enquestes & interrogatoires sur faits & articles, & autres actes qui se font par les Juges & Commissaires-Examinateurs, il sera payé pour tous les Greffiers la moitié des vacations du Lieutenant general, outre la grosse, & sans que lesdits Juges se puissent servir dans tous lesdits actes, d'autres que desdits Greffiers.

XXV.

Pour chaque rolle de grosse en papier, il sera payé au Greffier cinq sols, non compris le papier timbré, contenant le rolle deux pages, la page douze lignes, & la ligne douze syllabes.

XXVI.

Lorsque les parties voudront lever des extraits ou copies de provisions, de Reglemens, d'Edits & autres pieces registrées aux Greffes des Amirautez, ils seront expediez en papier, & il sera payé au Greffier pour chaque rolle en petit papier, cinq sols du rolle, non compris le papier.

XXVII.

Pour chaque procez qui seront distribuez, & pour nommer le Rapporteur, sera payé dix sols.

XXVIII.

Pour la production faite au Greffe par le Procureur de la partie poursuivante, tant en matiere civile que criminelle pour estre communiquée avant l'appointé cinq sols, & pour la clausion faite aprés l'appointé par les Procureurs des parties, cinq sols de chacune partie.

XXIX.

Pour les productions nouvelles qui passeront au Greffe, cinq sols.

XXX.

Pour bailler les informations aux Gens du Roy, dix sols.

XXXI.

Pour chacun procez par écrit ou instances qui seront renduës aux Procureurs aprés qu'il aura esté jugé, compris toutes les productions, griefs, réponses, sept sols six deniers.

XXXII.

Et à l'égard des sacs qui n'auront passé au Greffe, le Greffier prendra le droit qu'il eut pris, si les sacs avoient esté produits qui entrera en taxe, & outre les Procureurs en payeront autant en leur propre nom audit Greffier sans le pouvoir repeter sur les parties.

XXXIII.

Pour la communication des pieces maintenuës fausses sans deplacer, dix sols.

XXXIV.

Pour le port d'une information ou autres pieces qui seront portées en matiere criminelle au Parlement, quinze sols.

XXXV.

Pour l'interrogatoire sur la sellette, trois livres quatre sols.

XXXVI.

Pour la décharge d'un prisonnier, trois livres quatre sols.

XXXVII.

Pour rayer un écroüe, compris le procez verbal, trois livres quatre sols.

XXXVIII.

Pour prononcer la sentence à un prisonnier, trois livres quatre sols.

XXXIX.

Pour la publication des Lettres de remission, trois livres quatre sols.

XL.

Lorsque les pieces seront mises au Greffe pour estre paraphées en execution de jugement, sera payé trente sols pour quelque nombre qu'il y ait de pieces.

XLI.

Pour l'enregistrement d'une saisie réelle de quelques effets que ce soit, trois livres.

XLII.

Pour la publication & expedition de chaque remise & adjudication d'heritages sauf quinzaine, trente sols, & pour celles des Bastimens de cinquante tonneaux & au dessus, quinze sols, & moitié pour celles des Bastimens au dessous.

XLIII.

Pour le droit des adjudications d'heritages pures & simples, à quelques sommes qu'elles puissent monter, six livres; & pour celles des Bastimens de cinquante tonneaux & au dessus, trente sols; & pour celles au dessous, quinze sols.

XLIV.

Pour l'enregistrement & expedition des actes d'opposition, dix sols.

XLV.

Pour les declarations qui seront faites par les Procureurs au profit de qui sont les adjudications, trente sols; & pour celles des baux judiciaires, vingt sols.

XLVI.

Pour la recherche d'une minute de sentence, passé un an, en donnant la date, cinq sols; & pour celles qui auront esté renduës dans l'année, ne sera payé aucun droit.

XLVII.

Pour la communication des procez appointez que les Procureurs prennent au Greffe, cinq sols.

XLVIII.

Pour l'emprunt que les Procureurs des parties font au Greffe des procez secrets pour faire taxer leurs dépens, cinq sols.

XLIX.

Pour le jet & calcul des taxes de dépens, deux deniers pour chaque article.

L.

Pour la collation de pieces faites par le Greffier avec les parties ou le Procureur, il sera payé deux sols du rolle.

LI.

Pour la publication & enregistrement des Lettres patentes, de permission de faire des madragues, bourdigues, pescheries, reglemens de métiers, concernant la Marine, de confirmation de droits sur les Vaisseaux & Marchandises, & autres Lettres patentes, il sera payé au Greffe deux livres, non compris les expeditions,

LII.

Le Greffier aura la moitié de la part que le premier Juge prendra dans les droits d'information & de reception des Officiers d'Amirauté & autres qui seront reçûs audit Siege general, outre le remboursement du papier & parchemin timbré.

LIII.

Pour la lecture, publication & enregistrement des commissions de Receveurs de l'Amiral, & de Maistres de Quay, Jaugeurs de Vaisseau, Lesteurs & Delesteurs, & autres Officiers, ayant Commission de l'Amiral, cinq livres, y compris l'acte de reception.

LIV.

LIV.

Pour l'enregiſtrement des proviſions des Capitaines-Garde-coſtes, leurs Lieutenans & Enſeignes, il ſera payé au Greffe, compris l'enregiſtrement qui ſera mis au dos des proviſions ou commiſſions, ſix livres.

LV.

Pour la reception des Maiſtres des Baſtimens & de Navire, il ſera payé au Greffe quarante ſols, y compris l'acte de reception.

LVI.

Pour celles des Maiſtres Charpentiers & Calfateurs, Cordiers, Voiliers, Treviers, & autres Ouvriers travaillans aux Baſtimens de Mer, il ſera payé au Greffe trente ſols, y compris l'expedition.

LVII.

Pour la lecture, publication des commiſſions, receptions & preſtations de ſerment des Pilotes, Lamaneurs, Hauturiers, Pilotes, Paſſagers des Détroits, il ſera payé au Greffe trente ſols, & dix ſols pour l'expedition.

LVIII.

Pour la reception des Gardes-Jurez & Prud'hommes des Maiſtres Charpentiers, & des Maiſtres Peſcheurs, il ſera payé au Greffe la moitié des droits reglez pour la reception deſdits Charpentiers.

LIX.

Et à l'égard des autres droits non compris dans le preſent Tarif, les Greffiers ſeront tenus de ſe conformer à ce qui ſe pratique dans les Bailliages Royaux de la Province de Normandie.

Amirautez principales & particulieres du Ponant.

PREMIEREMENT.

Pour chaque declaration ordonnée eſtre faite devant les Officiers de l'Amirauté par le Reglement du 24. Octobre 1681. & Lettres patentes du 7. Janvier 1703. par ceux qui acheptent des Vaiſſeaux & Baſtimens en France, ceux qui en acheptent, ou font conſtruire dans les Pays eſtrangers, & par ceux qui les ayant acheptez, ou fait conſtruire dans les Pays eſtrangers,

D

les ont depuis revendus à des Estrangers , il sera payé au Greffier douze sols , compris l'expedition en papier timbré.

I I.

Pour l'enregistrement des contracts d'achapt , de constructions , reventes , d'associations & autres actes de proprieté de Vaisseaux & Bastimens destinez , soit pour le commerce , ou pour la course , il sera payé au Greffier pour ceux de cinquante tonneaux & au-dessus trente sols , & ceux au-dessous quinze sols , à la charge de mettre au pied desdits contracts & lettres , l'enregistrement sans pouvoir prétendre plus grands droits , sinon l'expedition desdits contracts , lorsque les Greffiers en seront requis.

III.

Pour l'enregistrement des certificats de Jauge des Bastimens , il sera payé au Greffe , y compris l'expedition , huit sols.

I V.

Pour le certificat ou lettres de Mer , concernant la proprieté des Vaisseaux & Bastimens (qu'il sera libre aux proprietaires & Maistres desdits Bastimens de prendre ou de ne pas prendre) lorsqu'ils auront fait registrer leur contract d'achapt , de construction ou d'association , & qu'ils seront porteurs de l'expedition desdits contracts , il sera payé au Greffier les mesmes droits , que pour l'enregistrement des contracts d'achapt.

V.

Pour l'enregistrement des congez des Navires & Bastimens qui feront voyage de long-cours , y compris l'enregistrement qui sera mis au dos du congé , il sera payé au Greffier quarante sols.

VI.

Pour l'enregistrement de ceux qui feront voyage hors le Royaume , à l'exception des long-cours , & pour ceux des voyages ordinaires de costes en costes , ou de Province en Province , il sera payé huit sols , y compris l'enregistrement qui sera mis au dos.

VII.

Pour l'enregistrement de ceux pris par les Bastimens qui n'iront que de Port en Port , dans une mesme Province du

Royaume, il sera payé au Greffier deux sols dix deniers, y compris l'enregistrement qui sera mis au dos.

VIII.

Pour l'enregistrement de ceux que les Maistres des Barques & Batteaux qui navigent dans les pertuis d'Antioche & Breton, sans en sortir, soit qu'ils fassent voyages de Port en Port dans la mesme Province, soit qu'ils passent de Province en Province, il sera payé au Greffier, y compris l'enregistrement qui sera mis au dos, deux sols dix deniers.

IX.

Les Pescheurs qui vont journellement à la pesche, ne prendront qu'un congé par an pour l'enregistrement, duquel ils payeront au Greffier huit sols, y compris l'enregistrement qui sera mis au dos.

X.

Ceux qui vont à la pesche des macréaux & harangs, tant dans la Manche qu'en l'Isle de Bas & en Jermuth, prendront un congé pour chacune saison desdites pesches, sans toutefois qu'ils soient obligez d'en prendre pour chacun voyage pour l'enregistrement duquel, ils payeront au Greffier six sols, y compris l'enregistrement au dos.

XI.

Pour l'enregistrement des congez qui seront délivrez pour des Bastimens qui sont dans les Pays estrangers, pour venir en France, il sera payé au Greffier les mesmes droits que pour les autres congez, à proportion de la qualité des voyages.

XII.

Pour ceux des Bastimens frettez pour le service de Sa Majesté, dont elle ne nourrit point les équipages de ceux des Vaisseaux de Sa Majesté frettez à des particuliers, & de ceux des Fermiers generaux pour le transport des sels, il sera payé les mesmes droits d'enregistrement de congez, que les autres Bâtimens, à proportion des voyages.

XIII.

Pour l'enregistrement des congez qui sont pris tous les trois mois par les Maistres des Batteaux destinez à voiturer les bois de la Forest de la Vacquerie, à Roüen & au Havre, il sera payé au Greffier deux fols dix deniers, y compris l'enregiftrement qui fera mis au dos.

XIV.

Pour l'enregiftrement des paffeports de Sa Majefté, il fera payé au Greffier trente fols, compris l'enregiftrement qui fera mis au dos.

XV.

Pour les actes de receptions, de cautions & foûmiffions qui fe font au Greffe des Amirautez, en execution des Ordonnances de Sa Majefté & de fes paffeports, il fera payé aux Greffiers fix fols fix deniers, compris l'expedition, quand elle fera demandée.

XVI.

Pour les certificats de defcentes de marchandifes eftrangeres ou défenduës, il fera payé au Greffier huit fols, compris l'expedition.

XVII.

Pour les foûmiffions qui fe feront à caufe du transport des grains d'un Port à un autre, il fera payé au Greffier trois fols, dans les cinq fols accordez par le reglement du 13. Novembre 1694. y compris le papier timbré, & pour les certificats de décharge, pareille fomme.

XVIII.

Pour le dépoft au Greffe des rolles d'équipages paffagers & engagez des Vaiffeaux & Baftimens, il fera payé au Greffier cinq fols.

XIX.

Pour les rapports & declarations qui feront faites à l'arrivée ou au retour des Baftimens, il fera payé au Greffier autant que pour l'enregiftrement des Congez, à proportion de ce que deffus, à la referve toutefois des Pefcheurs de poiffon frais, defquels il ne fera rien reçû des rapports & declarations de ce qu'ils auront vû à la Mer.

XX.

Pour les rapports des Maiftres de Baftimens qui relâcheront dans un Port par tempefte, radoub, ou autres neceffitez, il fera payé au Greffier fix fols, y compris fon expedition.

XXI.

Lorfque les Capitaines & Maiftres feront verifier leur rap-

port

port & declaration par témoins ; il sera payé pour le droit du Greffe, quatre sols pour l'audition de chaque témoin, non compris l'expedition quand elle sera demandée.

XXII.

Pour les rapports des Maistres des Navires qui vont prendre du sel à Broüages, Isle d'Olleron & autres lieux pour la pesche des moluës, il sera payé au Greffier six sols, compris son expedition.

XXIII.

Les Greffiers assisteront aux visites des Vaisseaux & Bastimens entrans & sortans des Ports, tiendront registre des visites, contenant le nom des Bastimens, des Maistres, la qualité des chargemens, des équipages & des passagers, du jour de l'arrivée ou du départ, pour laquelle visite & le certificat de visite, il sera payé au Greffier ; sçavoir, pour la visite d'un Bastiment de trente tonneaux & au dessous, trois sols, & deux sols pour l'expedition du certificat, pour ceux de trente tonneaux jusqu'à soixante, quatre sols six deniers pour la visite, & trois sols pour l'expedition du certificat, pour ceux depuis soixante jusqu'à cent, six sols, & cinq sols pour l'expedition du certificat, pour ceux de cent jusqu'à deux cent, douze sols, & cinq sols pour l'expedition du certificat ; pour ceux de deux cent jusqu'à trois cent, dix-huit sols, & cinq sols pour l'expedition du certificat ; pour ceux depuis trois cent jusqu'à quatre cent, vingt-quatre sols, & cinq sols pour l'expedition du certificat ; & pour ceux depuis quatre cent jusqu'à cinq cent & au dessus, trente sols, & cinq sols pour l'expedition du certificat.

XXIV.

Lorsque les Greffiers seront requis de fournir des grosses des rapports, declarations, contracts, attestations & autres actes cy-dessus, il sera payé du rolle trois sols neuf deniers, contenant douze lignes à la page, & douze syllabes à la ligne, non compris le papier timbré.

Amirauté du Levant.

ARTICLE PREMIER.

Les Greffiers des Amirautez de Provence & de Languedoc

prendront les mesmes droits que ceux qui sont taxez aux Greffiers des Amirautez du Ponant, pour les declarations faites par ceux qui acheptent des Vaisseaux & Bastimens en France, ceux qui en acheptent ou font construire dans les Païs Estrangers, & par ceux qui les ayant achetez ou fait construire dans les Païs Estrangers, les ont depuis revendus à des Estrangers, comme aussi pour l'enregistrement des contracts d'achapt, certificats de jauge & lettres de Mer.

II.

Il sera payé au Greffier pour l'enregistrement d'un congé de long-cours & pour la visite des Bastimens, sçavoir, pour un Vaisseau deux livres deux sols neuf deniers, pour les Polacres trente-trois sols neuf deniers, pour les Barques seize sols trois deniers, & pour les Tartanes douze sols trois deniers, y compris son expedition qui sera mise au dos.

III.

Pour les congez des Bastimens qui feront voyage en Italie, sur les costes d'Espagne, en dedans du Détroit, Barbarie, Isle, de la Mediterannée, costes de Provence, il sera payé au Greffier pour ceux des Vaisseaux vingt-cinq sols neuf deniers, pour les Polacres seize sols trois deniers, & pour les Tartanes & Alleges à un mast, six sols trois deniers, y compris l'enregistrement au dos des congez.

IV.

Ceux des Vaisseaux qui n'iront que de Port en Port dans une mesme Province, payeront seize sols trois deniers, les Polacres douze sols trois deniers, les Tartanes & Alleges cinq sols huit deniers, & toutes sortes de Batteaux découverts, deux sols huit deniers, y compris l'enregistrement qui sera mis au dos desdits congez.

V.

Les Patrons de Tartannes & Batteaux qui vont journellement à la pesche, ne prendront qu'un congé, & il ne sera fait qu'une visite par an, pour l'enregistrement duquel il sera payé au Greffe cinq sols trois deniers, compris l'enregistrement au dos.

VI.

Les Patrons des Tartannes qui vont faire la pesche aux costes d'Italie, d'Espagne, de Provence & de Languedoc prendront un congé & un certificat de visite à chaque voyage, & pour l'enregistrement ils payeront pour le droit du Greffe cinq sols trois deniers.

VII.

Pour l'enregistrement des congez de deux ans donnez pour les Echelles de Levant, il sera payé au Greffe ; sçavoir, pour les Vaisseaux quatre livres cinq sols six deniers, pour les Polacres trois livres sept sols six deniers, pour les Barques trente-deux sols six deniers, & pour les Tartannes vingt-quatre sols six deniers, compris l'enregistrement au dos desdits Passeports.

VIII.

Pour l'enregistrement des congez qui seront delivrez aux Marchands François, pour faire venir en France des Vaisseaux acheptez, ou fait construire dans les Païs Estrangers, il sera payé aux Greffiers les mesmes droits que pour l'enregistrement des autres congez, à proportion de la qualité des Bastimens & des Voyages.

IX.

Les mesmes droits seront payez ausdits Greffiers pour les congez des Vaisseaux & autres Bastimens frettez pour le service de Sa Majesté, de ceux de Sa Majesté frettez à des particuliers, & ceux des Fermiers generaux pour le transport des sels à proportion de leur qualité & des Voyages.

X.

Pour le depost au Greffe du rolle des Equipages, il sera payé au Greffier, compris son expedition, cinq sols.

XI.

Il ne pourra estre fait aucun chargement des marchandises de contrebande pour estre portées dans le Royaume, sans en avertir les Officiers de l'Amirauté, pardevant lesquels les Capitaines, Patrons & Marchands qui les chargeront feront leur soûmission, & s'ils sont Estrangers, donneront caution de rapporter dans trois mois certificat de décharge des Officiers de l'Amirauté des lieux où elles seront portées, sans que lesdits Officiers les puissent obliger à faire plus d'une obligation pour chaque espece de marchandises de mesme chargement, pour lequel acte il sera payé au Greffier, compris son expedition six sols six deniers ; & ne pourra ladite soûmission estre barrée, qu'en vertu d'un jugement du Lieutenant, le Procureur du Roy oüy, ce qui se fera sans autres frais.

XII.

Pour les procez verbaux de certification de décharge des marchandises de contrebande énoncées en l'Article XI. du Reglement du 5. Aoust 1688. il sera payé au Greffe huit sols, y compris l'expedition.

XIII.

Pour les rapports que tous les Capitaines & Patrons sont tenus de faire aussi tost qu'ils ont l'entrée dans les Ports, il sera payé pour le droit du Greffe, y compris la visite & le certificat, autant que pour l'enregistrement des congez, à l'exception des Pescheurs de poisson frais, desquels les rapports de ce qu'ils auront vû en Mer, sera reçû sans frais.

XIV.

Les Bastimens qui passeront par Arles pour aller à la Foire de Baucaire, payeront à leur passage pour le rapport au Greffe quatre sols, y compris l'expedition, & autant à leur retour, à moins qu'ils ne chargent des marchandises audit Arles, ou autres Ports dudit Siege, auquel cas ils payeront les mesmes droits que ceux qui sont attribuez cy-dessus.

XV.

Les Capitaines & Patrons qui seront contraints de relâcher dans les Ports par tempestes ou autres necessitez, ne seront tenus de prendre aucun congé pour en sortir ; mais seulement de faire leur rapport aux Officiers de l'Amirauté, lesquels feront la visite de leurs Bastimens à leur arrivée, & sera payé au Greffier pour les Vaisseaux treize sols, pour les Polacres onze sols, & pour les Tartannes cinq sols, y compris son expedition.

XVI.

Lorsque les Capitaines & Maistres feront verifier leurs rapports & declarations par témoins, il sera payé pour les droits du Greffe, quatre sols pour l'audition de chaque témoin, non compris l'expedition quand elle sera demandée.

Procedures des prises dans toutes les Amirantez du Royaume.

ARTICLE PREMIER.

Pour l'enregistrement d'une commission en Guerre ou en Marchandise, il sera payé pour le droit du Greffe, quarante sols, y compris l'enregistrement au bas de ladite commission.

II.

Pour le procez verbal de reception de caution que donnent les Armateurs, il sera payé au Greffier vingt sols, compris l'expedition.

III.

Pour chaque imprimé de billet de rançon qui seront donnez par les Greffiers aux Armateurs sur papier non timbré, dans la forme marquée par le Reglement du 27. Janvier 1706. il sera payé deux sols.

IV.

Pour chaque rapport qui sera fait des prises, il sera payé au Greffe quarante sols, compris l'expedition.

V.

Pour l'audition de chaque témoin sur la verification des rapports, il sera payé au Greffe quatre sols, non compris l'expedition.

VI.

Pour les interrogatoires des prisonniers trouvez sur les prises, les Greffiers prendront la moitié des taxations du Lieutenant, non compris l'expedition.

VII.

Pour les appositions de scellez, inventaires, décharges, examen de papiers, estimations, ventes, adjudications, livraisons, liquidations, & partages des prises qui sont expediez hors de l'Audience, les Greffiers prendront la moitié des vacations du Lieutenant, non compris les expeditions.

VIII,

Lorsque les Officiers sortiront hors du lieu de leur demeure pour l'instruction des prises, les Greffiers auront pareillement

F

la moitié des vacations du Lieutenant pour leurs journées &
voyages, non compris leurs expeditions.

IX.

Pour l'acte de prise au Greffe par les Interpretes des pieces
trouvées sur les prises, il sera payé au Greffier lorsqu'elles n'ex-
cederont point vingt pieces, cinq sols & au dessus, dix sols.

X.

Pour le jugement qui ordonne que les procedures des prises
seront envoyées au Conseil, il sera payé au Greffe vingt sols.

XI.

Pour les grosses desdites procedures, il sera payé au Greffe
trois sols neuf deniers par rolle, non compris le papier timbré,
le rolle contenant deux pages, la page douze lignes, & la ligne
douze syllabes.

XII.

Pour l'enregistrement des jugemens de l'Amiral de France
sur les prises, il sera payé au Greffier quarante sols, compris
l'enregistrement au bas du jugement, & pareil droit pour l'enregistrement des Arrests qui interviendront sur lesdites prises.

XIII.

Pour dresser l'affiche sur les inventaires des effets des prises,
pour parvenir à la vente d'iceux, il sera payé au Greffier deux
sols par article de chacune espece de marchandises, & sans
que le Vaisseau & ses apparaux puissent passer pour plus d'un
article.

Prises faites en vertu de Lettres de Represailles.

ARTICLE PREMIER.

Pour la publication & enregistrement de Lettres de represailles, il sera payé pour les droits du Greffe quarante sols,
compris l'enregistrement au bas desdites Lettres.

II.

Pour le procez verbal de reception de caution, il sera payé
au Greffier vingt sols compris l'expedition.

III.

Les autres procedures sur les prises qui seront faites en vertu deſdites Lettres de repreſailles, ſeront faites & taxées comme celles des priſes faites en Guerre.

IV.

Lorſque les deniers provenans des priſes faites, en vertu de Lettres de repreſailles, ſeront mis és mains des Greffiers, il ſera payé auſdits Greffiers trois deniers pour livre.

V.

Pour l'enregiſtrement au Greffe des décharges qui ſeront données par les impetrans des Lettres de repreſailles des deniers qu'ils auront reçûs en execution, il ſera payé au Greffe pour chaque enregiſtrement, cinq ſols.

Naufrage.

Les Greffiers auront pour les rapports des naufrages & échoüemens, auditions de témoins, interrogatoires, appoſitions de ſcellez, inventaires, procez verbaux de décharge, examen de papiers, & eſtimations, ventes & adjudications des effets naufragez, liquidations & partages, enregiſtrement des Jugemens & Arreſts, les meſmes droits & vacations que pour les procedures des priſes.

Procedures civiles & criminelles dans les Amirautez principales & particulieres du Royaume.

ARTICLE PREMIER.

Pour chacune preſentation qui ſera faite au Greffe par les défendeurs, hors dans les cas marquez dans l'Article II. du Titre IX. des ajournemens & delais de l'Ordonnance de 1681. dans leſquelles il ne ſera fait aucune preſentation, il ſera payé au Greffier cinq ſols.

II.

Toutes ſentences renduës, tant à l'audience ſur procez par écrit, ſoit civil, ſoit criminel, ſur requeſte, congez d'adjuger, adjudications d'heritages, Vaiſſeaux, licitations, décrets, executoires de dépens, d'apports de procez, ſoûmiſſion de caution, ſeront miſes en parchemin, & il ſera payé du

rolle , contenant deux pages , la page vingt-deux lignes , &
la ligne quinze syllabes vingt sols , non compris le parchemin.

III.

Toutes les autres sentences qui ne vont qu'à l'instruction &
ne consistent à execution seront expediées en papier , pour
chacun rolle composé de deux pages , la page douze lignes ,
& la ligne douze syllabes , desquelles il sera payé cinq sols.

IV.

Pour un acte d'affirmation de voyage , cinq sols.

V.

Pour chacun défaut donné à juger , il sera payé ausdits
Greffiers deux sols six deniers , & autant pour le rendre jugé.

VI.

Pour un défaut , faute de comparoir , il sera payé huit sols
quatre deniers.

VII.

En toutes commissions & actes de Justice qui s'executeront
par les Juges-Commissaires-Examinateurs , tant à la Ville que
hors d'icelle , soit pour descentes, redditions de comptes , compulsoires , scellez , procez verbaux , confrontations d'écritures , inventaires, estimations, rapports d'Experts, informations ,
interrogatoires , recollemens , confrontations , enquestes , interrogatoires sur faits & articles , & autres actes qui se font
par les Juges & Commissaires-Examinateurs , il sera payé au
Greffier la moitié des vacations du Lieutenant general outre
la grosse , le rolle de grosse contenant deux pages , la page
douze lignes , & la ligne douze syllabes , à raison de trois sols
neuf deniers pour les procedures civiles , & de deux sols pour
les procedures criminelles , non compris le papier timbré ,
sans que lesdits Juges se puissent servir dans tous lesdits actes
d'autres que lesdits Greffiers.

VIII.

Lorsque les parties voudront lever des extraits ou copies
de provisions , de reglemens , d'Edits , & autres pieces registrées aux Greffes des Amirautez , ils seront expediez en papier , & il sera payé au Greffier pour chaque rolle en petit papier , contenant douze lignes à la page , & douze syllabes à la
ligne

ligne trois sols neuf deniers du rolle , non compris le papier timbré.

IX.

Pour recevoir les productions des parties ou de leurs Procureurs , & pour les rendre , il sera payé à chaque fois pour chaque partie cinq sols.

X.

Pour la redistribution d'un procez , il sera payé au Greffe cinq sols.

XI.

Lorsque des pieces seront mises au Greffe pour estre paraphées, en execution de jugement , il sera payé au Greffier pour le paraphe de chaque piece , deux sols six deniers , & pour la communication des pieces qui seront mises au Greffe pour estre communiquées dix sols.

XII.

Pour la communication des pieces maintenuës fausses, cinq sols.

XIII.

Pour les lettres de comparution personnelle sur le decret, quinze sols.

XIV.

Pour la collation des pieces faites par les Greffiers avec les parties ou Procureurs , il sera payé deux sols du rolle.

XV.

Lorsque le Greffier se transportera aux prisons ou ailleurs pour prononcer les sentences, il luy sera payé vingt sols pour chaque prononciation.

XVI.

Pour la décharge d'un prisonnier & rayer son écrou , trente-deux sols.

XVII.

Pour la vaccation du Greffier qui mettra és mains des Messagers les procez criminels pour porter aux Tables de Marbre , ou aux Parlemens, étiquettes, corder & tirer recepissé des Messagers, il sera payé vingt sols.

XVIII.

Pour l'enregistrement d'une saisie réelle d'heritages , ou de quelques effets que ce soit, il sera payé trois livres.

XIX.

Pour l'enregiſtrement de chaque oppoſition formée au Greffe, ſept ſols ſix deniers.

XX.

Pour chacune publication faite en jugement par le Greffier pour ventes d'heritages ou Office & reception d'enchere, il ſera payé au Greffier dix ſols.

XXI.

Pour chaque publication d'enchere portant remiſe de la vente d'un Vaiſſeau de cinquante tonneaux & au-deſſus, il ſera payé au Greffier quinze ſols, & le double pour l'adjudication, & pour celle des Vaiſſeaux au-deſſous de cinquante tonneaux ſept ſols ſix deniers, & le double pour l'adjudication non compris l'expedition, & neanmoins lorſque les portions de diffe-rents Navires ſaiſis ſur un meſme debiteur, à la requeſte d'un meſme créancier ſeront vendus ſeparement; le Greffier ne pourra prendre pour les encheres & adjudications que la moitié des droits cy-deſſus reglez, à proportion de la gran-deur des Navires.   XXII.

Pour les declarations qui ſeront faites par les Procureurs, au profit de qui ſont les heritages acquis ou donnez à baux judiciaires, il ſera payé au Greffier quinze ſols.

XXIII.

Pour la publication & enregiſtrement des Lettres patentes & reglemens des Meſtiers, eſtabliſſement de Madragues ou Bordigues, publication, & enregiſtrement des titres, de ceux qui prétendent quelques droits ſur les Vaiſſeaux, marchandi-ſes ou peſcheries & autres Lettres, il ſera payé trente ſols, non compris les exepeditions.

XXIV.

Pour les vacations des Greffiers aux informations de vie & mœurs qui ſe font aux receptions de Greffiers, Procureurs, Huiſſiers, Sergens, Interpretes, Courtiers, Receveurs, Gar-des, dépoſitaires des priſes & de naufrages, Arrimeurs, & au-tres qui ſont reçûs aux Amirautez, communiquer leſdites in-formations au Procureur du Roy, retirer & mettre és mains des Juges, leſdits Greffiers auront la moitié de la part que le premier Juge prendra dans les droits d'information & de reception aufdits Sieges particuliers, outre le remboursement du papier & parchemin timbré.

XXV.

Pour la lecture, publication & enregiftrement des Commiſ-ſions des Receveurs de l'Amiral, des Maiſtres de Quay, Jau-geurs de Vaiſſeaux, Leſteurs & Deleſteurs, & autres ayant commiſſion de l'Amiral, preſtation de ſerment, & ſentence de reception, il ſera payé au Greffe pour tous droits, trois livres.

XXVI.

Pour l'enregiftrement des proviſions des Capitaines Gardes-coſtes, leurs Lieutenans & Enſeignes, il ſera payé au Greffe, compris l'enregiftrement qui ſera mis au dos des proviſions ou commiſſions, ſix livres.

XXVII.

Pour la reception & preſtation de ſerment de Maiſtres, Ca-pitaines, & Patrons de Navires, il ſera payé au Greffier qua-rante ſols, y compris ſon expedition.

XXVIII.

Pour la reception des Maiſtres Charpentiers & Calfateurs, Cordiers, Voiliers, Treviers, & autres Ouvriers travaillant aux Baſtimens de Mer, il ſera payé au Greffe vingt ſols, non compris l'expedition, pour laquelle il ſera payé dix ſols.

XXIX.

Pour la lecture, publication des commiſſions, reception de ſerment des Pilotes-Lamaneurs, Hauturiers, Pilotes-paſſa-gers des Détroits, il ſera payé au Greffier trente ſols, non com-pris ſon expedition.

XXX.

Pour la reception des Gardes-Jurez & Prud'hommes des Maiſtres Charpentiers, & des Peſcheurs, il ſera payé la moitié des droits reglez pour la reception des Charpentiers-Calfateurs.

XXXI.

Pour la recherche d'une piece au Greffe, paſſé un an, il ſera payé cinq ſols, & ne ſera rien payé pour les actes paſſez dans l'année.

XXXII.

Et à l'égard des droits non prévûs dans le preſent Tarif, les Greffiers des Amirautez ſeront tenus de ſe conformer aux

Greffiers des Jurisdictions Royales ordinaires du lieu de leur residence.

FAIT & arresté au Conseil Royal des Finances, tenu à Versailles le quinziéme jour de Decembre mil sept cent quatorze. Collationné. Signé, DE LAISTRE.

Collationné à l'Original par Nous Conseiller-Secretaire du Roy, Maison, Couronne de France & de ses Finances.

A PARIS,

De l'Imprimerie de la Veuve de François Muguet, Premier Imprimeur du Roy & de S. A. S. Monseigneur le Comte de Toulouse, ruë de la Harpe, aux trois Rois. 1715.